Kim Hyo-Joong

시인 김효중

詩보다 아름다운 꽃 어디 있으랴

김효중 시집

詩보다 아름다운 꽃 어디 있으랴

Poetics 시학

■ 시인의 말

시란 우리의 체험을 승화시킨 시들지 않는 영혼의 꽃이다. 즉 시는 문화를 담는 그릇인 언어에 삶의 꽃을 담은 것이다.

시 쓰는 일이 결코 쉽지 않음에도 이를 포기하지 않는 이유는 무엇일까? 나의 경우는 오직 인간답게 살아보려는 소박한 뜻에서라고 감히 말할 수 있으리라. 그동안 대학 강단에서 시를 가르치고 배워오면서 이순耳順을 훨씬 뛰어넘은 이 나이에 내 속에 잠들어 있는 비밀스런 시적詩的 정서를 하나씩 꺼내어 음미해 보고 싶은 욕구에서 시 창작에 더욱 전념하게 되었다.

더구나 이 어렵고 궁핍한 시대를 살아가면서 가장 절실히 느끼는 것은 창조적인 활동을 통해서 참된 자아를 발견하고 정신적인 위기를 극복하여 자기구원自己救援의 길로 나아가는 것임을 어찌 부인할 수 있으랴?

우리 선조들이 팔만대장경을 새긴 것과 같은 지극한 마음으로 그간 정성껏 쓰고 모아 둔 나의 분신과 같은 작품들을 조심스럽게 세상에 내어 놓는다.

2010년 5월

김효중

차 례

제2부

제3부

제4부

제1부

물방울 함성보라 가득한데

— 비발디의 〈사계 · 봄〉에 부쳐

스멀스멀 어깻죽지 가려운 새들
트릴과 스타카토로 재잘대고
산들바람 해적해적
샘물 돌돌돌 솟아 흐르네

겨우내 숨죽이던 작은 생명들
일제히 튀어나와 온몸으로
봄을 맞이하는 갈채 소리
전신에 번지는 초록의 기쁨 소리 없는 함성
햇살 포시럽게 쏟아져 내리는 들녘엔
양치기 삽살개 해그늘에 졸고 있네

조용하던 하늘 어두워져
번쩍 천둥 번개 불빛 터지네
폭풍우 한바탕 심술궂게 지나가고
구름 개자 샘물 다시 졸졸졸
힘차게 흘러넘치는데
이윽고 숲속 물방울들이 펼쳐 내는 춤사위

허공을 짖는 개
비올라 선율에 몸을 싣고
백파이프의 신명 나는 가락에 흔들흔들
목동들의 피리 소리 두들삭 소리 소리들
황홀하게 우주 열리는
아, 경이로움이여

강아지 왈츠
— 쇼팽의 〈강아지 왈츠〉에 부쳐

포실눈 내리는 노앙* 마을에
눈꽃 무늬 무리 지어 동그라미 그릴 때
강아지는 철없이 제 꼬랑지 물며
뱅글뱅글 돌고 있었네
그 강아지 상드를 기다리던 쇼팽의 눈에 밟혀
피아노 건반 위 손가락 사이를
춤추듯 알레그로 빠져나가네

눈꽃 무늬들은 저마다 어깨를 기대어
통통 구르다가 사뿐사뿐 시간의 문을 걸어 나오네
잠시 제 몸의 무게 낮추어
낮은 음계부터 층계 따라 올라갔다가
이윽고 또르륵 한 옥타브 굴러 내리네
잠시 숨을 죽이고는 다시 유쾌한 걸음으로
시간의 음계를 달려가네

---

* Nohant : 쇼팽이 상드와 함께 9년간 산 남프랑스의 마을.

무반주 첼로 소나타

첼로의 저음을 듣는다
차가운 겨울 바람 소리로
첼로의 저음을 듣는다
오랜 세월 비엔나 하늘을 떠돌다
지쳐 돌아온 그녀

그녀의 삶의 무게만큼이나
어둡고 무겁게 내려앉는 활과 현
한 켜 한 켜 음계 위로
삶의 알갱이들 모아 가슴에 꽂는다
황홀한 은빛 소리

그것은 차라리 한 여인이
나직이 떨고 있는 흐느낌이어라

정신병동에 갇힌 아내는
— 차이코프스키의 〈비창〉에 부쳐

외로움 분함에 갈갈히 치밀려
아내는 손발 떨며
밤낮없이 울부짖었네
지아비의 하염없는 속울음은
뼈 마디마디 멍울져
오선지 위 점점이 떨어졌어라

별 너머 아득한 어둠의 깊이에서
콘트라베이스가 무겁게 걸어 나오네
잠시 숨을 고르고
삐긋이 얼굴을 내민 파곳은
이윽고 피맺힌 울음을 터뜨리네

모든 것은 녹아내리고
성난 파도는 한밤을 뒤척이네
제 서러움에 못 이겨
어두움 저편에서
빛이 한 아름 향내를 뿜어 오자

유쾌한 행진곡은 그에 화답하네

옷을 벗은 그의 혼을 비집고
서서히 다가서는 비통한 아다지오
가슴 저미는 슬픔으로 다가와
우주 기쁨으로 승화된 선율은
그의 죽음을 내비친
내밀한 소리였어라

비엔나 숲속의 이야기

베토벤이 거닐던 비엔나 숲
무겁게 드리운 정금 고요 깨고
바람결에 묻어오는 비엔나 왈츠

수천 년 유유히 흐르는 도나우 강가에서
어젯밤 햇포도주 한 잔에 잠든 사이
저 강물 실눈 뜨고 밤새 흘러왔구나

지난 삼십여 년 내가 오지 못한 동안에도
변함없이 강물은 흐르고
시간도 흘러갔겠지

내가 떠나도 다시 쉬지 않고 흘러갈
저 시간의 강물 그리워져
뒤돌아보고 또 뒤돌아본다

물방울들의 노래

— 쇼팽의 〈피아노 협주곡 1번〉에 부쳐

강렬한 춤사위 또르륵 또르륵 건반 위로
시냇물은 흐르고 흘러
고요 속으로 뒷걸음질 친다

햇살 투명하게 굴러가는 이슬방울
오롱조롱 모여들어 힘차게 가슴 허공을 문지른다
현絃과 관管의 떨리는 앙상블
숨죽인 채 듣는 음계의 군단
못 보던 능선을 타고 흐르는 곡조
손으로 뜯는 합주 호소에 은밀히 손사래 친다

건반 위 음표들 다시 흐느끼면
어린 연인 콘스탄티아 손가락 끝에
켜묵은 한 생애의 슬픔이 멍울져 간다

저 길 끝나는 어디쯤에서
그 아픔 자근자근 다독이며
불끈 딛고 새 생명이 일어서리라

오늘도 몰다우 강은 흐른다
— 스메타나의 〈나의 조국〉에 부쳐

스마바 숲 나뭇잎에 떨어지는 빗방울 소리
물소리들은 저마다 꿈에 젖어 서로 껴안고
앞서거니 뒤서거니 온몸 햇살을 받고
물보라 꽃잎 적시며 도도히 흘러갑니다

숲속 사냥 나팔 소리 장엄하고
산기슭 목장 광활하게 꿈을 펼쳐 가는데
마을에서는 가난한 농부의 결혼식
춤 노래 흥겹히 어우러집니다

날 저물어 달빛 희슴프레 빛나는데
세인트존의 급류 물살 가르며
옛 성터 돌고 돌아 밤새는 줄 모르고
도란도란 낡고 오랜 이야기 등불 피워 냅니다

보헤미아의 보석 몰다우 강은
스메타나 심포니를 읊조리면서
오늘도 황금의 도시 프라하

시가지 심장부 가로질러

의초롭게 처녀바다로 노 저어 갑니다

더블베이스 소나타

아름슬픈 목소리
사람들의 뼛속 깊이까지
파고드는 저음은

별들 가슴팍에
무겁게 꽂혔다가
사뿐히 봄으로 다가온다

마음 설레게 우주를 활로 긋는
겨울의 낮은 포복
세상은 온통 봄눈발로 뒤덮이네

우주의 꽃잎들 흩어지느니

— 〈서편제〉에 부쳐

거침없어라
나를 잃어버리는 순간
얼씨구절씨구 흥겹구나
고즈넉이 엎드린 농가
그 위를 돌아 한마당
해와 달을 토해 내는구나

못다 푼 절망과 고통을 위해
머리끝까지 신명이 솟구치는구나
중모리에서 휘모리
휘모리에서 자진모리
때론 산같이 때론 바다같이
물결치는 심청의 목소리

산 아비의 주술을 풀려고
저렇게 처절하게 울고 있는가
세상을 씻어내려고
자신의 몸을 부수어 내고 있는가

사람의 가락이 아닌 하늘의 절규
소리 하나로 맺힌 사연 풀려 하는가

어둠의 뚜껑을 열고
빛의 소리를 내 보며
온몸에서 술렁이는 소리
전신에 흘러내리는
피의 응어리
장터 사람들을 모으는 마력
우리 겨레의 혼결이어라

한번 소리치면
황홀한 우주의 꽃들이 산산이 흩어지느니
온 누리 무릉도원이 되네
가난한 넝마의 내 혼 안에서
으깨지도록 파고드는 삶의 숨결이여
구원의 서곡
잠들지 않는 생명의 혼결이여

이승도 잠깐, 저승도 잠깐
— 〈씻김굿〉에 부쳐

이승도 잠깐, 저승도 잠깐
시간과 공간이 멈춘 그 자리
산 자와 죽은 자가 함께하는 그 자리에
가신 넋 측은하여
당골 노래 잇지 못하나
이윽고 그녀 잠기는 목청 가다듬어
"나오소서 혼백아
씻김 받으러 나오소서"
목청 열기 더해 갈 때
향물 쑥물 맑은 물로
죽은 자의 영혼을 씻어
천궁으로 보내네

그녀 호흡 가다듬고
"어느 고* 막혔느냐?
삼신고 막혔느냐?"
고 훨훨 풀어내어 망자의 넋 다독인다
억울한 열명길 멀다 않고

일가친척 오막살이 뒤에 두고
훠이훠이 극락으로 올라가네
노래도 그치고 울음도 끝났을 때
뒤돌아볼 일 없이 망자의 혼
넋의 길을 나선다

죽은 자 산 자의 마음속 파고드는
슬프고 기쁜 이별의 축제는
눈물조차 마른 여기는 지상
눈물로 신생의 길 틔우고 있네

---

* 시신을 묶은 매듭으로, 고풀이는 이 매듭을 푸는 무속 의례. 이승에서 풀지 못하고 저승으로 간 한과 원한을 의미하는 고를 차일의 기둥에 묶어 놓았다가 이를 하나하나 풀어 가면서 영혼을 달래 주는 진도 씻김굿의 한 절차임.

제2부

새해 행진

새해 첫날은
채워지지 않은
하이얀 공간
텅 빈 캔버스

굵고 여린 마음 붓 가다듬어
햇살이 한 걸음 한 걸음
행진해 나아갈 즈음

나뭇가지 저마다 새순 돋기 기다리며
꽃잎파리들 고운 햇살 그네 품어 안고
삼백 예순 닷새
매일 해가 그 자태를 뽐내며 드러낼 때
한 점 한 점 조심스레
하늘의 일과표를 수놓아 가네

봄은 꽃들의 각혈로 온다

겨울 새벽
두더지 희뿌연 안개 속으로
길을 찾아 나선다

메마른 나무들 수런수런
잎눈 틔우려 수직으로 고개 쳐들고
여기저기 꽃샘추위에
각혈 터지는 소리 요란하다
무심한 하늘 올려다보며
땅은 나비입술 벌려 단비 기다리고
사라진 것들의 아쉬움

놓치고 허망한 빈 자리에
홍매화 한 송이 벙근다

꽃망울 터지는 소리

까치 울음소리 하늘을 가르고
안개 자욱한 산모롱이엔
꽃망울 터지는 소리
수줍게 웃고 있습니다

잎 색 하늘 닮아 파아란
봄까치꽃 망울망울 피어납니다
얼레지꽃 꽃다지 꽃마리들
세 몸속으로 난 봄 길을 화안히 열고 있습니다

작고 여린 생명들 저마다
그 몸속 어딘가에 겨우내 숨겨 둔 깊은 알뿌리
힘껏 밀쳐 올리며
작은 우주 만들어 가고 있습니다

가슴에 뜬 무지개 꽃무지
세상에서 아름다운 것은 삶꽃입니다

이른 봄 아침 밥상엔

조개 우렁 쑥국 냉잇국
애기 동초 겉절이
유채꽃 꿀 찍은 인절미
싱그러운 과일 향
솔잎차 향
방 안 가득 물밀어온다

봄의 맛 상깃하여
풍성한 식탁은
바람결에 정가로우니
오직
그 한 분의 손길
온 우주 툇마루에 넘쳐라

가랑잎 덤불 속 냉이는

봄을 기다려
마침내 새순 틔워 냅니다
사람들 발길 닿는 길섶 어디에나
숨어 있을 냉이
때 되면
그의 몸 더욱 낮게 일어납니다
대명천지에
온몸 내놓아
풋나물 때로는
끓는 된장찌개 되어
누군가의 가슴을 향기롭게 합니다

봄 아다지오

녹슨 계절의
터널을 뚫고 돌아온 너
너는
맑은 눈빛의 여신

네 포시러운 품속에서
내 귀는 밝아
길섶 이름 모를 풀잎 마디마디
맺히는 이슬의 힘

뜰 아침 햇살 머금은
시클라멘 속에 스며드는
물안개 피어오른다

향기로운 봄내음
포르릉
비상飛上하는 나의 마음

늦은 봄날 해어름에

봄비 젖은 꽃잎 바람에 흔들리고
낙숫물 처마 타고 흘러내립니다
매화 향기에 불쑥 해 솟아오르는 산길
종다리 긴 하루 해 하늘을 읊조립니다

온종일 걷다 지쳐
저녁 종소리조차 들려오지 않는데
봄날 해어름에 나른함이 밀려옵니다
하얀 들찔레 피로로운 시야에 들어옵니다

가는 봄 아쉬워 새 울고
땅속 줄기 새순 고개 드는 은방울꽃 어엿한데
바다 저물어 오리의 울음소리 의희합니다
무심한 물고기 눈에 반짝 눈물이슬 고입니다

꽃 피고 지는 소리

보이지 않는 맹렬한 속도의 무게
봄꽃의 허리 소리 없이 꺾이는데
보랏빛 매발톱꽃 겹꽃진달래
그 부드러움과 감미로움
세상의 모든 굳은 것들을 녹여냅니다
어디선가 직박구리 한 쌍
숲속 고요를 와장창 깨고 달아납니다

매아미 울음 바위를 깨다

여름 들판 무성하여
나아갈 길 안 보이는데
여물 지고 가는 이 뒷모습 좇아
풀 내음이 가득한 길을 흔들고 있네

바위를 쪼고 있는 매아미 울음
무정하게 내리쬐는 햇볕은
아직 따갑기만 한데
바람의 손끝엔 가을 예감이 묻어나네

한밤내 어둠 헤치고

잿빛 하늘 바람 서늘한데
접시꽃 비에 젖어 시나브로
해 가는 서녘 길로 고개 돌린다

밤새 장대비 와르르 쏟아져 내려
물통 터지는 소리 소리 요란하다
냉혹한 시간의 뒷모습을 다그치면서

여름 끝자락에

비바람 쉴 새 없이 몰아치며
천둥 우뢰 사정없이 내리쳐도
나무들 등빠디 휘어졌다가
불끈 다시 일어선다

머리채 핀셋으로
콕콕 뽑아내는 불볕더위에도
온몸으로 밀어 올리는
저 내밀한 뿌리의 힘이여

여름 산 숲속
흔들리는 나뭇가지 끝
여름을 홀로 우는 작은 새 있어
나무들 초록 가슴 훈훈하다

숲속 고요

물빗자루 쓸고 간 숲속 오솔길
점점이 아롱지는 빗방울 무늬들
발바닥 밑에서 나직나직
시간의 초침 부서지는 소리

빗물을 한껏 받아 마신 나무들은
가지 사이에서 은종소리 찰랑이고
어느새 비 뚜욱 그쳐
풀벌레 소리 와지락하네

잎사귀들 푸르디푸르른데
물먹은 새의 진주 울음소리
여름 해어름에
숲속 긴 침묵의 운판을 깨고 있네

가을 안단테

포오란 하늘 빨그랑 홍시 떨어지고
입술 벌린 석류 가을을 웃네
외론 산모롱이
오불고불 오솔길 오색 융단
기약 없는 기다림에 빛만 바래네

도토리 알알이 영글고
산사山寺 다람쥐 토실한데
들국화 솔바람에 아롱이고
맑다 못해 포란 가을 흐르는 시냇물
가을을 품어 안네

시간의 무늬를 찬찬히 들여다보다

시간의 무늿결 희뿌윰하다
바람은 이별의 녹슨 파편들을 쓸어버리고
날개 힘 잃은 새들은 후두둑
숲속으로 몸을 피한다

추수 뒤 알곡 떨어져 나간 볏누리 몇 채
고달팠던 삶을 반추하며 숨결 고르는데
등뼈만 오들오들 떨고 있는 나무들
빈 가지에 명주 햇살 길게 내리꽂힌다

꼬리 흔들며 잽싸게 달려가는 시간의 화차
그 어깨를 짓누르는 침묵의 소리
옹 맺힌 설움 떨어내는 사끌한 바람 소리
시간의 성채가 무너지고 있다

밤이 되어 땅의 근육을 훑어가는 빗줄기 소리
탐욕 날카로운 화살의 깊은 상처

마침내 산은

검붉은 시간의 생채기를 드러낸다

겨울 저녁

해 질 녘
느닷없는 통곡 소리
머리칼 푸석푸석
얼굴 누렇게 떠
늙은 몸이 마음을 내려놓는다

하늘빛 잃은 잔별만 총총한데
희나리 매운 연기에 젖은 눈 닦으며
성긴 나래 접고 우두커니 서서
삶의 무게 가늠해 보는
겨울 저녁답

겨울 수채화

하얀 색채로 충만한 화폭
분출하는 신의 욕구인가

안 들리던
영혼의 소리 들려오고
내 마음 악보가 펼쳐진다

겨울은
언어가 끊긴 계절
말없이 말하기

감사하며 보내는 한 해
설레며 맞이하는
새해의 산마루

겨울 풍경

빈 하늘 가득 메우던
갈매기 떼는 멀리 날아가고

밤하늘에 언 별빛만이
땅 위를 차갑게 내려다본다

피리 소리 틈서리에 파고드는
어두움의 칼날

적막한 겨울 바다에
달빛 파도만이 부서지네

얼음 칼날의 시간들

추위 제풀에 꺾여 물러나고
숨죽이던 강물 유유히 흐른다

옷 벗은 채 겨울 견딘 나무들
두 눈 크게 뜨고
다가올 봄맞이 채비에 분주하다

언덕엔 수선화 자목련 매화 제비꽃 꿈
꽃비 되어 표표히 흩날리는데
그 향기 코끝을 간질인다

12월은

다가올 봄의
풍요로움을 잉태하는
인고忍苦의 달

제3부

홍매화 필 무렵

홍매화 살포시 벙글어
눈 촉촉이 젖었는데
꽃샘바람 나직이 스쳐 지나
꽃잎 폴폴 날리네

오랜 세월 가슴속
반딧불처럼 남아 맴돌던
언어 하나

사랑이 다가왔을 때 사랑하라고
망설이면 어느새 사랑은 떠나 버린다고
사랑도 때가 있다고
한평생 기회는 다시 오지 않는다고

아침 연못

먼 산 안개 자욱한데
겨우내 하늘 바라 숨죽이던
고광 나리 원추리 산초
능선 따라 고운 수채화 펼쳐 냅니다

아침 연꽃 핀 연못에
안개꽃도 그늑한데
개구리 한 마리 퐁당
고즈넉한 정금 고요를 깹니다

담쟁이군단

한 뼘도 안 되는 땅속에
수직 천 길의 뿌리 박고
땡볕 마다 않고 바람 가르며
따박따박 올실 짜 올려
공중의 누각을 공들여 채운다

철없는 여름비 올실 풀려 나간
구멍 사이사이 비집고 들어와
때 아닌 폭풍우 덮쳐 와도
가녀린 손 마디게 뻗어
단단한 끈 허공을 겹겹이 동여맨다

보이지 않는 힘
무너진 벽돌과 벽돌 사이 하늘을
푸른 함성으로 진군하는
저 청춘의 군단
우람찬 스크럼을 보아라

물푸레나무를 노래함

땅속 깊이 숨죽여 기다리던 잎의 나날들
땅 위로 일제히 올라와 하늘 바라고 섰네
기다리던 봄비에 어린 새순 새치름히 돋아나고
물오른 가지 한 개 꺾어 물에 담그면
어느새 파란 물빛으로 스며난다

껍질 깨고 몽올몽올 뿜어내는 백랍*은
생채기에 새살 돋우어 내네
햇살에 말린 나무의 속살 핏방울 선 눈 빛나게 하고
때로 제 온몸 불살라 타고 남은 재
세상의 옷들 잿빛 색깔로 태어나게 하네

그의 꿈은 멀지만 야무지다
그 한 몸 쉼 없이 비우고 찢기고 꺾이고
마지막 남은 껍질마저 벗어 던질 때
마침내 사람들 가슴에 떠오르는 별
아름드리 물푸레나무 언저리
늘 고요한 평화처럼 화안하다

---

* 백랍벌레 수컷의 유충이 분비한 물질. 여기서는 물푸레나무가 만들어 내는 것을 의미함.

칼라테아, 그 꽃 신비 어디에

1

연초록 잎맥 진보라 빛살무늬
뽕긋이 열린 틈새 작은 숨구멍들
세상과 소통하는 문 사이로
빛과 어둠이 교차된다

투명한 아침 햇살 쏟아질 무렵이면
수줍게 입술 열고 깃털 부드러움으로
켜켜 쌓인 묵은 기운 맑게 씻어

포롬한 향내 뿜어내어
잎새 치마폭 활짝 펼쳐 들어
하늘 향해 힘껏 가슴 편다
낮 한때 오수午睡를 즐긴다

2

제 분수 알아차려 알맞게 자라
화분 안에 쏘옥 몸 담근 채

흐트러지는 법이 없네

해 질 녘 딱 벌어진 잎새 서서히 오므려
올곧은 자세 하늘로 향하고는
어두운 긴 터널 안에서
별빛 바라 손 모아 밤을 밝히네

때로 바람 살랑이며 발자국 남기는데
잎줄기 사이 언뜻 어려 비치는
눈물방울 떨고 있어라

살구꽃 지는 날은

살구꽃 지는 날은
피어날 때보다 아름다워

꽃 떨어진 슬픔 가슴에
꽃망울 피웠네

황금색 과육의 향기
숲속에 번지는가 하더니

시나브로 살구 알 뚜욱 떨어져
쿵 지구를 울리네

앤슈리엄, 테일플라워에게

삼백 예순 닷새 온실 푸르디푸른
그물 무늬 잎사귀 빠알간 꽃불 피워
깊어 가는 밤
그 형체 더욱 도드라지네
포롬한 수액 게워 내어 제 몸 적시고
사방 희끄무레한 공기 맑게 씻어내네

꼬리처럼 튀어나왔다 들었다 하여
별명도 예쁜 너 테일플라워
꽃보다 고운 하트 모양 잎맥
잎사귀 반짝임 속에 읽히는 글썽임은
누구를 그리워하는 앤슈리엄*인가

---

* anthurium : 외떡잎식물 천남성목의 한 과로 여러해살이 풀임. '꽃의 꼬리' 라는 의미로 꽃의 모양에서 유래함.

천년 어두움을 쓸어내리고

천년 지켜 온 예루살렘
우람찬 잿빛 밑둥이 들렁이지도
성냄에 욕정에 시달리지도 않는
옹골찬 감람나무여

진보라 열매 온몸 잘게 부수어
쏟뜨리는 기름 불꽃 피워
세상의 어두움 사그리 쓸어 내네

향기로운 그늘 오수午睡에 졸게 하고
고울 사 줄기 무늿살 생명줄 이어
아름찬 하늘로 다시 태어나네

비둘기가 몰고 오는 햇잎사귀
홍수가 밀려간 징표 되어
노아에게 빛이 된 '나무의 왕' 이여

부대끼며 살아온 이스라엘 사람들

그늘진 가슴에 하늘로 떠
별빛으로 꽃이슬로 피어 오는
저 내밀한 목숨의 신비여

예리고의 보석

이천 년 예리고* 동산에
보석 하나 빛나고 있네
하늘을 떠받들고
생명길을 여는 종려나무

그 가지 사원寺院의 벽에 부활로 뜨고
동전에 새겨진 잎새는 승리의 표상인가
끝없는 시간의 궤적을 그리며
곁눈길 한 번 주지 않고 예까지 왔네

새순 품에 안고 어언 다섯 해
오랜 참음 끝에 물 오른 과육果肉
한입 베어 물면
마음 허공 말갛게 닦이네

---

* Jericho : 세계에서 가장 오랜 도시로서 『성서』에서는 종려나무의 도시로 지칭하고 있음.

늙도록 땀과 눈물로
아낌없이 쏟아 내는 꿀
그 달싹한 맛 오래도록
입안에서 돌돌 구르네

가진 것 죄다 세상에 내어주고
마지막 잎새마저 멍석 그늘 펼쳐
수수만년의 꿈 피워 내니
네가 바로 우리 시대의 오아시스인 것을

얼음 불꽃

눈 내린 겨울밤에
동백 꽃봉오리 터뜨리는 소리
화르르 화르르 고요를 깨고 있네
모든 생명 숨죽여 조용히
삶을 내려놓을 때
저 혼자 뜨거운 불을 지피네

깨어 있는 자만 비로소 눈 뜨는
잠들지 못하는 건 저 동백꽃
온 세상 문 일제히 닫히고
아득한 방황 속에서 흔들리고 있는 나
너는 오롯이 삶을 읊조리고 있구나
참으면서 키워 내는
외로움의 겨울나무들

꽃술을 화알짝 열고 귀 기울이는데
금빛가루 더욱 눈이 부셔라
칙칙한 계절을 화안히 열어 보이는데

어디선가 동박새 한 마리 날아와
동백나무 가지를 차고 오른다
아, 겨울 꽃으로 반짝이는
화안한 질붉은 순백의 순간이련가

오동꽃 눈물

보랏빛 꽃 내음 봄 뜰에 자욱하더니
잎 넓어 그늘 좋아 여름 더위 몰아내네
비탈진 곳 마다 않고
어디서나 쑥쑥 매무새도 고와라

시집갈 때쯤이면
장롱 짤 만큼 키가 큰다고
딸 낳으면 심는다는
한 그루 오동나무

그 나막신 새털 무게 닳지도 않아
사철 벗을 줄 모른다네
마른 고목 구멍으로 맑은 소리 빚어내며
사람들의 아픈 가슴 보듬어 주리

베어진 뒤 부러지고 꺾이면서
온몸 상처투성이로 거듭날 때
나무는 아픈 만큼 깊이 성장하여
그 존재의 아름다운 꽃을 피워 내네

가랑잎, 꽃 피운 그 자리에

앞마당에 가랑잎 표표히 내려앉습니다
이따금 바람 노래에 맞추어 춤추며
숙제를 끝낸 후련한 마음으로
몸도 훠이훠이 날아갈 듯합니다

일찍 떨어진 녀석은
춤의 대열에서 벗어나
여인의 좁다란 어깨에 폴싹 내려앉습니다
그 녀석 다시 춤의 대열로 돌아갑니다
함께 따라오라 손짓하면서 말입니다

여인은 그 춤의 대열에 끼지 못합니다
춤 잔치 곧 사라지고 말 것이 두렵기 때문일까요
여인이 짐짓 머뭇거리는 동안
그 녀석 어느 한 모퉁이에 자리 잡습니다
지난 봄 가장 맑게 꽃 피웠던 그 빈 자리에

여인은 문득 십자가 예수님을 떠올립니다

어느새 그녀의 눈망울엔

하얗고 동그만 이슬방울꽃이 피어납니다

까치밥 하나

한 나뭇가지에 저마다 새순 틔워
잎사귀 한껏 푸들거리어
여름 폭염 가을 바람 함께한 형제들

눈발 흩날리는 초겨울
형제들 아쉽게 손 흔들며 떠나보내고
폴폴 가랑잎 그리움을 날려보낸다

온 세상 겨울 몸살 한창인데
덩그러니 버티고 서 있는 감나무
불콰한 홍시 하나

굶주린 까마귀들
조상의 풋풋한 마음씨 담은
까치밥 하나로 배불린다

겨울나무

허허로운 벌판에서
마음 훈훈히 적셔 주는
그대
아름다운 소년이여

투명한 얼음꽃
매달고 서서
냉엄한 추위
달래고 있네

솟구치는 열정熱情은
가지 끝에서
교향곡 되어 메아리치는
봄의 서곡이어라

봄의 제전祭典을 위하여
안으로 안으로 영글어 가는
그대
겸허한 전신침묵이여

제4부

시詩를 위한 발라드

詩가 좋아 詩 속에 들어가니
잊었던 나와 만나네
사랑이 좋아 사랑 안에 들어가니
詩와 만나네

詩는 나의
원초적 부르짖음인가
아니면
우주의 압축 파일인가

삼라만상森羅萬象을 담는 그릇
시들지 않는 詩의 꽃은
삶의 향기香氣려니
詩보다 아름다운 꽃 어디 있으랴

말도 다하고 마음도 사라진 자리
오묘한 그 한 자리
詩로도 쓸 수 없는
詩는 언제나 텅 빈 채움이려니

꿈하늘

아가의 볼웃음 피어나면
엄마 가슴에 초롱꽃 벙글고
아가의 눈망울 또록 구르면
그 눈웃음에 엄마 미소 꽃별로 뜨네

까르르 아가가 웃으면
엄마는 하늘이 열리네

아가는 진종일 옹알옹알
엄마는 아가의 속내를 보네
아가도 엄마 품에 포스근히 안겨
엄마 숨소리를 엿듣고 있네

오늘도 아가의 침상에
여릿여릿 이우는 해노을 아래
아가는 나비잠 자고 있네

아가의 투레질꽃 화안한데

— 현우에게

폭설 내린 오후에
젖먹이 손자를 안고
눈꽃 핀 창유리를 바라본다
시야는 점점 흐려 오는데
아가의 눈망울은 또록또록
아가는 투레질에 여념이 없다

오늘은 책 한 줄 못 읽고
아가의 귀에 대고 속삭인다 이 할머니
세상과 자기 안에 갇혀 한평생
멀고 어려운 길만 좇아 헤매어 왔다고
너를 안고 하루를 보내니 이제야 알겠구나
삶은 그리 복잡한 것이 아니라고

문득 고개를 든다
어느새 젖은 눈발 그치고
화살 짓는 빛소리 화안히 피어나는데
풋풋한 아가 내음 코끝을 간질인다

서서히 사그라지는 내 몸 안에서
너, 우주의 꽃 새롭게 피어나거라

별바래기 노래

이슬 머금은 마타리 풀꽃
석양 물든 마른나무 가지 위 까마귀 우짖고
달빛 아래 풀벌레 이슥한 밤을 갉네

마음속 해묵은 가락 살그니 펴들고
차 한잔에 가을밤을 담아
술 한잔 없이도 취해 오는데

내일 모르는 차가운 밤에
푸른 달빛 타고
몸은 별밭으로 떠오르네

기러기 닮음은

숲속 길 걷다 하늘을 올려다본다
기러기 떼 뿔뿔이 제 갈 길 가는 듯해도
기러기 아빠는 제 아내 제 자식 보듬어 끌고
옛 둥지로 빠르지만 느리게 서둘러 가나니
그들은 오던 길 되돌아가면서도 후회하는 일 없네

바쁘게 달려가다 보면
기러기만도 못한 때 있거니
문득 일손 멈추고 하늘 나는 기러기 떼
그 날갯짓의 고요를 눈시울 씻으며
하염없이 바라보고 있네

새순바래기

내일을 엮는
한 아름의 보람이어니
어둠 속에 퍼들쩍거리는
한 마리 물고기를 생각한다

보이지 않는
거기 햇살을
품어 안는 씨알의 숨소리

오랜 날 가슴에 묻어 둔
그리움 한 자락 꺼내 들어
어둠의 알갱이를 한 줌 덜어 내더니

마음 한가운데
불끈 새 해가 솟아올라라
그늘에서 움트는 새순바래기

마음 등뼈 곧추세우니

언제부터인가
말은 무게를 잃고
세상의 주변을 서성거렸네

물은 마르지 않고
바람은 쉼 없이 일고 있는데
너와 나
언제 거짓부리 벗어던져
화엄세상 이루려나

잃어버린 한 마디
목소리 보일 때까지
낮추고 낮추어

흔들리는 마음 등뼈 곧추세워
고된 마음의 불씨 피워 내리니
비로소
환하게 열리는 내 꿈길

마침내 동그만 우주 이루었나니

오직 하나
올곧은 방향
안으로 불살라
마침내
동그만 우주 이루었나니

켜묵은
그리움으로
때론 아쉬움으로

열매 속에 흐르는
울음소리의 계곡을 듣는다
웃음소리의 시냇물
그 빛나는 갈등을 본다

바람으로
햇빛으로
또는 흙으로

싱그러운 내음 되어
숱한 만남과 헤어짐이
오고 간 날들의 흔적을 바라본다

열매가 되기까지
열매는 말이 없다

등경 위에 등불이 놓여야

닫힘이 열리고 맺힘이 풀리는
어둠과 빛이 함께하는 세상을
꿈꾸지 않은 자 어디 있으랴

어둠이 빛을 내야
온 누리를 비추듯이
등경 위에 등불이 놓여야
빛은 제 밭을 찾네

삶이 열리는 곳에
빛이 태어남을
그대는 아는가

닫힘이 열리고 맺힘이 풀리는
어둠과 빛이 함께하는 세상을
꿈꾸지 않는 자 어디 있으랴

마로니에의 추억

무성한 마로니에 나무그늘 밑에서
순수 자유 꿈꾸던 젊은 날을 되돌아보네
그해 늦은 봄 모닥불 위로 흩날리던
하늘의 수많은 별들
대학로 개나리가
노오란 별눈 뜨고 치켜보던 그때에

캠퍼스 가설무대 위에서 우리는
저마다 목청껏 소리 내며 기량을 뽐냈었지
자정 넘도록 연습에 겨운 우리들
진아춘進雅春에서 나누어 먹던 손자장 맛
그 맛을 잃은 지 오랜 세월의 간이역에서
떠나가는 기억의 열차를 주섬주섬 바라보네

비운다는 것

내 수의壽衣에는
두 주머니가 있으리니

자비의 주머니
지혜의 주머니

채움은
자비와 지혜의 채움
비움의 가득함이라네

마지막 탐욕도 성냄도
어리석음도 떨쳐 버리니
채움도 비움도 없어지네

그렇게 살아가겠습니다

나는 햇빛 없는 대낮에
서성이고 있었나 봅니다
꽃은 피면서 지고 또 피는 사이
더러는 달빛 숲속을
어지러이 헤매기도 했습니다

당신은 먼발치에서
참을성 있게 기다리셨습니다
그 많은 아픔과 슬픔의 나날들
끝없이 쏟아져 내리는 당신의 빛과 그림자를
내 어찌 그리 읽을 줄 몰랐을까요

마음으로 눈빛을 닦고
마음이 바닷길을 열어 갈 때
비로소 당신이 보이기 시작했습니다

내가 당신께로 가까이 갔을 때
넉넉히 흘려 보이시던 당신의 그 미소를

내 마음 갈피갈피 새겨 둔 당신 말씀의 무늿결을
맑디맑은 샘물을 길어 올리는 마음으로
그렇게 하나하나 기억하겠습니다

수렁에 빠져 허우적거릴 때
언제나 새 길을 비추어 주시는 당신
당신의 옷자락 안에 휘감기며
어린아이의 작은 미소로
그렇게 하루하루를 살아가겠습니다

카푸치노 향을 마시다

겨우내 움츠러든 우리들
몸의 빈터에 움푹하고 긴 도랑을 낸다
한줄기 서늘한 정신이 그리운 사람은
그 냇물에 흥건히 몸 적시고
문명의 부서진 칼날 저편
원시의 꿈에 잠시 머무른다
다시 산뜻한 붓끝에 새 마음 담아
삶에 지친 사람들의 등을 어루만진다

사람의 그늘

절정의 하늘 높이에서
눈이 내린다
눈은 이내 폭설 되어
자작나무 숲을 덮고
샤갈의 마을을 덮는다

사방의 길들이 무너져 내리고
도시의 온갖 소음과
불협화음을 덮는다
때 묻은 가난과 허기를 덮는다
삶은 갈수록 아득하고 막막하기만 한데

눈은 낮은 곳으로 더 낮은 곳으로
내려앉으며 지구의 중심을 가라앉히고
눈은 안다
낮은 곳의 밑바닥에 이르러서야
몸과 마음 다 내려놓는다는 것을

사람도 가장 낮은 자리에 이르러서야
비로소 사람의 그늘을 사랑할 줄 안다

마중물이 되어

소음뿐인 도시를 서성일 때면
마음이 자주 아려 온다
조심스레 마음속 샘물을 길어 올려
저린 가슴 다독이는데

문득 코끝에 흙 내음 찡하고
빗방울 시냇물 위에 돌돌돌 구를 땐
한 움큼 마중물 다시 맞이하며

바람의 옷자락에
마음 가닥 매달아
훨훨 하늘로 날려 보낸다

카르카손에 노을 지다

해 저물녘
카르카손* 성벽城壁 안에
스멀스멀 번져 오는 황혼
나그넷길에 밀물져 오는 외로움

희끄무레한 가로등
아치형 유리창 너머
식탁에 둘러앉은
정가로운 얼굴들

와인의 향내
번지는 선율
온 가족이 빚어내는 한마음 하모니

꿈의 씨줄
그리움의 날줄이 엮어 놓은
아늑한 삶의 둥지

---

* Carcassonne : 스페인 국경 근처 프랑스의 도시로서 15세기 성곽이 그대로 보존되어 있음.

사람이 도달할 수 없는 깊이 속으로

— 마터호른*에 올라

알렉스 빙하 발아래 거대하게 뻗어 내리고
죽음을 도사리고 있는 크레바스는
강한 빛에 억만년 모습 겹겹이 드러낸다
절대 고독의 얼음 위를 걸어
마침내 하나의 점으로 이어지는 풍경의 일부

빙하는 지구가 뿜어내는 열기를 이기지 못해
그 단단한 몸 균형 잃은 채
빠른 속도로 녹아내리는데
지상에서 치를 엄청난 혼돈을
예측하지도 못한 채

아득한 수억 년 세월을 홀로 버티며
알프스 자식을 품어 안은 어머니 봉우리

* 본래 '어머니 봉우리' 라는 뜻을 가진 마터호른Matterhorn은 스위스의 체어마트Zermatt 지방의 알프스 산맥에 있는 산으로 세계적 비경秘境의 하나. 다만 이탈리아 쪽에서 보면, 그것은 한낱 거대한 바윗덩이에 불과하여 이탈리아 사람들은 그 봉우리를 깨부수자고 하면서 스위스 사람들을 질투한다고 전해짐.

마터호른 그 황홀한 꿈꽃 찾아
사람들은 어제 오늘 그리고 내일도
저 험난한 산줄기 마다 않고 오르네

사철 맑은 눈 뜬 알프스
눈 뒤집어쓰고 시야를 장악한다
아, 그러나 포시러운 눈이불 벗겨져
떨고 있는 자식들을 바라보는
어미의 가없는 눈물은

아무도 나무랄 수 없다

긴 세월 버텨 온 산
올 겨울도 하이얀 홑이불 속에서 신음하다

온갖 더러움 추함을 덮어 주고
맑디맑은 세상을 꿈꾸며
매서운 비바람 꿋꿋이 견디어 내지만
매몰차게 내리치는 삽질 앞에
산은 울음을 터뜨릴 수밖에
속살 깊이 박힌 시꺼먼 상처
그 위에 다시 칼날 꽂히다

산 깊은 속마음
헤아릴 자 그 누구리오

천년의 별빛

산세 그윽한 팔공산 자락에
불굴사佛窟寺 청옥 하늘빛 바라 우뚝 서 있는데
뜰의 풍경 소리만 홀로 깨어 울고 있네

폭우에 휩쓸려 공양미 방아 소리 자취 없고
서라벌 옛터 빛 잃은 세월만
남은 파편들로 수런수런하네

홍주암 좁다란 계단 길 오르면
절벽 사이 어둠푸름 동굴 한가운데
수행하던 원효대사의 숨결 서려 있네

우람한 바위 뚫고 의연히 버텨 온 소나무엔
통일 기도 올리던 김유신 장군의 푸른 넋만
오늘도 살아 숨 쉬고 있어라

천년 세월 푸른 하늘 별빛 아득한 높이를
세상 포스근히 품어 안고
그대 나 홀로 올려다볼 뿐

나를 찾아서

소리 없는 소리 들리네
회사후소繪事後素*라던가
나 이제 나를 찾아 떠나리

불꽃의 삶 속에서
타 버린 내 젊은 나날들
비로소 비움의 여유를 찾을 수 있겠네

마지막 한 잎새
헐벗은 겨울나무로 서서
하늘을 향해
경건해지는 내 모습

베풀고 스스로 용서하면서
매듭 없는 자연의 소릿결 따라
세상의 굴레 벗고
길 없는 길 떠나리

* 『논어』의 한 구절로서 작품을 쓰기 전에 먼저 인간이 되라는 말.

자작나무는 바람을 흔들며 간다

한밤내 장지문은 가슴을 흔들며 간다
칠흑 바다 저편에는
자작나무 숲 잉잉대며 갈피를 못 잡고
바람이 울고 있다

나는 꿈속에서 캔버스를
비스듬히 기대 놓은 채
창 너머 들판을 응시한다
들판에는
하이얀 백지만 펄럭이는데

아침에 눈을 떴을 때
태양은 햇살을 뽐내며
빗살 구름무늬 사이
황금빛 얼굴로 떠오르고 있다

내 공간은 침묵의 언어

무한대로 펼치고 있다

열리면 닫히고
닫히면 열리는
내 삶의 백지 공간

사라지는 모든 것들이
한 점 그리움으로 남아
오로시 슬픔의 흰 뼈로 남아
누군가의 가슴팍에 꽂힐

아프로디테의 금화살이 된다

피카소의 게르니카 마을 풍경

희맑던 게르니카* 마을이
핏빛으로 물든 하늘 구름
산허리에 검붉게 걸려 있네
늪에 빠진 소와 말의 눈물들
나무가 젖고 뭇별들이 운다

도시는 온통 검정 울음바다
맑은 날에도 흐린 날에도
무수한 아픔들 커다란 어둠 바다 되어
캄캄한 저 도시의 밑바닥에서
아가리 벌리고 일제히 출렁인다

게르니카에는 살아 있는 소리가 없네
바람이 죽고 물소리도 마르고
집집 굴뚝마다 연기 한 줄 없고

---

* Guernica : 스페인 피레네 산맥 부근의 작은 도시.

들판이 서러운 짐승처럼 울고 있을 뿐
오늘도 소리 없는 울음이 흐느끼고 있네

어둡고 답답한 혼돈
전쟁의 상흔에 어룽진 눈동자들
피카소의 눈망울에 꽂혀
화폭 위에서 검회색 풍랑으로 들며 나며
처참하게 울부짖네

슬픔 위에 더 큰 슬픔 덮인
슬픔 위를 바람 떼가 지나간다
게르니카의 차가운 길거리에
언젠가는 봄이 다시 오겠지

새봄

수만 년 어둠 속을 달려온
빛 한 줄기

봄을 바라고 섰는 흰 이마를
투욱 건드립니다

바다는 빛의 시르마움 알거니
실눈 뜬 채 아픈 상처
새살 어루만지고 있습니다

'참 나'의 길, 새 생명의 길

김 재 홍

(경희대 교수 · 현대시박물관장)

1. 60 소녀의 시혼, 새로운 출발

사람이 나이 들면서 가장 아름답게 늙어 가는 모습이란 과연 어떠한 것일까? 그런 생각을 하노라면 떠오르는 한 사람이 있다. 바로 김효중 시인이 그분이다. 경기여고 · 서울대 국문과라는 명문학교 출신이라거나, 독일 유학을 하고 대학 교수로서 한 생애를 보냈고 좋은 저서를 남겼으며 훌륭한 부군과 건강한 자손들을 두어서만은 아니다. 올바른 생각과 건실한 생활 속에서 한 생애를 보냈으며 영예롭게 정년을 맞이하고 대학에 명예교수로 지금도 활동하고 있어서만도 아니다.

정년을 맞이한 오늘도 여전히 시인으로 창조적인 생활을 계속하면서 본격적인 제2의 인생을 활기차게 시작하고 있다는 점에서 우리에게 그런 아름다운 인생의 모습을 각인시켜 주기 때문이다.

흔히 사용하는 우리말에 여생餘生이란 말이 있다. 앞으로 남은 노년의 나머지 인생이란 뜻이 될 것이다. 세상에 어찌 '나머지 인생' 이란 말이 성립할 것인가? 바람직한 말이 아니라 생각한다. 누구에게나 쓰고 남은 나머지 인생이란 없다. 살아 있는 한, 생명이 지속되는 한 하루하루가 곧 소중한 인생이며, 마지막 그날 그 순간까지가 생의 과정으로서 의미 있게 인식되고 아름답게 마무리돼야 하기 때문이다. 그래서 황순원 소설가께서도 가장 바람직한 삶의 모습은 노년이 아름다워야 한다고 말씀하시곤 했던 것으로 기억된다.

김효중 교수의 아름다운 모습은 바로 생의 완숙기에 새롭게 시작된 시쓰기의 창조적인 노력과 열정에서 비롯된 것으로, 정년 이후에 본격적으로 출발하는 시인으로서의 생애 덕분이다. 흔히들 낙향을 하거나 은퇴해서 그럭저럭 나머지 인생을 보내려 마음먹는 그 무렵에 새로운 추억과 그리움, 동경과 꿈을 지니고 신인으로서 데뷔하고 시집을 펴내는 창조적, 주체적, 열정적 자유인의 모습을 펼쳐 가고 있는 것이다. 그러니 앞으로 그의 생애가 얼마나 싱싱하고 탄력 있으며, 보람 있고 의미 있을 것인지 떠올려 보노라면 아름다운 노년이 될 것이 자명한 이치가 될 수 있으리라.

이에 60대에 첫 시집을 펴내는 김 시인의 설레는 처녀 가슴과 시혼을 축하하고 격려하는 뜻에서 그 시세계를 더듬어 보고자 한다.

2. 음악시 또는 시간의 존재론

이번 첫 시집에서 그 기저를 이루며 전개되는 내용의 하나는 음악에 대한 애정과 동경이라고 할 수 있다. 그 속에는 음악 또는 음악가의 삶에 관한 이해와 탐구, 동경과 지향이 펼쳐져 있기 때문이다.

베토벤이 거닐던 비엔나 숲
무겁게 드리운 정금 고요 깨고
바람결에 묻어오는 비엔나 왈츠

수천 년 유유히 흐르는 도나우 강가에서
어젯밤 햇포도주 한 잔에 잠든 사이
저 강물 실눈 뜨고 밤새 흘러왔구나

지난 삼십여 년 내가 오지 못한 동안에도
변함없이 강물은 흐르고
시간도 흘러갔겠지

내가 떠나도 다시 쉬지 않고 흘러갈
저 시간의 강물 그리워져
뒤돌아보고 또 뒤돌아본다

—「비엔나 숲속의 이야기」 전문

이 시는 작곡가 베토벤과 관련하여 그의 삶의 흔적과 체취를 더듬으면서 예술과 인생, 나아가서 자연의 의미를 성찰하고 있어 관심을 환기한다. 베토벤이란 누구던가? 고전주의 말기에 등장하여 낭만주의를 선구한 인류사 최대의 음악가가 아니던가. 말 그대로 악성樂聖이라 불리는 그 사람 말이다. 더구나 그는 음악가로서 귀가 멀어 오는 최악의 상황에도 굴하지 않고 온갖 난관과 역경을 극복하고 저 유명한 〈운명〉과 〈전원〉, 〈합창〉 교향곡 등을 완성함으로써 이른바 '고난을 통하여 영광으로Durch Leiden zur Freude!' 라는 인류사회 정신의 위대성을 실천적으로 보여 준 위대한 인간 승리의 한 전범이 아니던가?

시인이 새삼 베토벤과 비엔나 숲, 그리고 도나우 강을 통해 말하고자 하는 것은 결국 무엇이겠는가? 한마디로 그것은 인생과 예술, 그리고 자연의 현상과 본질을 말해 보고자 한 것이 아니겠는가. 숲과 강물로서 자연은 유구하고 역사 또한 유장한 것인 데 비해, 인간의 삶이란 얼마나 짧고 덧없는 것인지를 말해 보고자 하는 것은 아니겠는가? 아울러 인생은 이처럼 유한하고 무상한 데 반해 예술은 오래 살아남아 죄 많고 덧없는 인생을 높고 영원한 영성의 경지로 이끌어 올려 준다는 것을 설파하고자 하는 것이 아닌가 말이다. "바람결에 묻어오는 비엔나 왈츠// (…중략…)// 변함없이 강물은 흐르고/ 시간도 흘러갔겠지" 라는 구절 속에는 말 그대로 '인생은 짧고 예술은 길다' 는 인류사적 금언이 물결치고 있는 것으로 해석된다.

강렬한 춤사위 또르륵 또르륵 건반 위로
시냇물은 흐르고 흘러
고요 속으로 뒷걸음질 친다

햇살 투명하게 굴러가는 이슬방울
오롱조롱 모여들어 힘차게 가슴 허공을 문지른다
현絃과 관管의 떨리는 앙상블
숨죽인 채 듣는 음계의 군단
못 보던 능선을 타고 흐르는 곡조
손으로 뜯는 합주 호소에 은밀히 손사래 친다

건반 위 음표들 다시 흐느끼면
어린 연인 콘스탄티아 손가락 끝에
켜묵은 한 생애의 슬픔이 멍울져 간다

저 길 끝나는 어디쯤에서
그 아픔 자근자근 다독이며
불끈 딛고 새 생명이 일어서리라

—「물방울들의 노래」 전문

'쇼팽의 〈피아노 협주곡 1번〉에 부쳐' 라는 부제가 붙어 있는 이 시에는 이러한 자연과 예술, 예술과 인생, 인생과 역사의 의미가 서로 융합·연결되면서 새삼 삶이란 무엇이고 예술이란 어떤 의미를 가지는가 하는 성찰을 제시해 준다. 특히 "건반 위 음표들 다시 흐느끼면/ 어린 연인 콘스탄티아 손가락 끝에/ 켜묵은 한 생애의 슬픔이 멍울져 간다"는 구절에서 보듯이 삶이란 바로 사랑과 슬픔의 영원한 쌍곡선이며, 그러한 사랑과 슬픔의 교차가 바로 생의 과정이며 의미이고 가치라는 인식을 보여 주고 있는 것이다.

무엇보다 "저 길 끝나는 어디쯤에서/ 그 아픔 자근자근 다독이며/ 불끈 딛고 새 생명이 일어서리라"는 결구에서 보듯이 인류사란, 역사 또한 끊임없는 생성과 소멸, 소멸과 생성의 되풀이로 연결되는 과정이며 그것을 표현하는 것이 바로 음악이라는 성찰을 제시하여 관심을 환기한다.

특히 이 두 편의 음악시에 바람과 강물(물, 물방울, 시냇물)이 주요한 모티브 이미지로서 작용하고 있는 것은 유의미하다. 그것은 바로 흐름을 표상하는 것이고, 그러기에 시간의 존재론을 상징하는 것으로 풀이되기 때문이다. 음영굴곡이 있는 시간의 흐름 그것이 바로 음악이고, 또한 그것이 바로 인생사이며 인류사이고 동시에 자연사의 현상과 본질 그 자체를 의미하는 것이기 때문이다.

음악에서 선율의 흐름은 바로 시간의 흐름이고, 인생의 흐름이며 생명의 흐름이며, 나아가서 역사의 흐름, 우주의 흐름으로 연결되는 것으로 해석된다는 점에서 음악시는 바로 시간적 존재론을 의미하는 것이 분명하다.

시간의 무늬결 희뿌윰하다
바람은 이별의 녹슨 파편들을 쓸어버리고
날개 힘 잃은 새들은 후두둑
숲속으로 몸을 피한다

추수 뒤 알곡 떨어져 나간 볏누리 몇 채
고달팠던 삶을 반추하며 숨결 고르는데
등뼈만 오들오들 떨고 있는 나무들
빈 가지에 명주 햇살 길게 내리꽂힌다

꼬리 흔들며 잽싸게 달려가는 시간의 화차
그 어깨를 짓누르는 침묵의 소리
옹 맺힌 설움 떨어내는 사끌한 바람 소리
시간의 성채가 무너지고 있다

밤이 되어 땅의 근육을 훑어가는 빗줄기 소리
탐욕 날카로운 화살의 깊은 상처
마침내 산은
검붉은 시간의 생채기를 드러낸다

—「시간의 무늬를 찬찬히 들여다보다」 전문

그렇기 때문에 시집에는 시간의 존재로서 인간에 대한 지속적인 성찰과 함께 그것을 좀 더 깊이 있게 들여다봄으로써 삶을 보람 있게 살아가고자 하는 동경과 열망을 드러내고 있는 것이다.

3. 식물 상상력과 생명감각

그러기에 시인이 주로 관심을 갖는 것은 자연과 인생이고, 예술과 자아성찰이라고 할 수 있다. 자연이란 그 끊임없는 생성과 소멸, 소멸과 생성력의 본원적 바탕이고 인간과 예술의 영원한 원천으로 작용하고 있는 것이기 때문이다.

한 뼘도 안 되는 땅속에
수직 천 길의 뿌리 박고
땡볕 마다 않고 바람 가르며
따박따박 올실 짜 올려
공중의 누각을 공들여 채운다

철없는 여름비 올실 풀려 나간
구멍 사이사이 비집고 들어와
때 아닌 폭풍우 덮쳐 와도
가녀린 손 마디게 뻗어
단단한 끈 허공을 겹겹이 동여맨다

보이지 않는 힘
무너진 벽돌과 벽돌 사이 하늘을
푸른 함성으로 진군하는
저 청춘의 군단
우람찬 스크럼을 보아라

—「담쟁이군단」 전문

시집에는 매우 다양한 식물적 심상들이 소재, 제재, 그리고 주제로서 제시되어 자연 서정을 일깨워 주면서 삶과 예술의 의미를 지속적으로 일깨워 준다.

인생이 대자연의 일부라는 명제는 아리스토텔레스 이래 철학의 한 중요한 정언명제에 해당한다. 그렇다! 사람은 자연에서 태어나 자연을 살아가다가 마침내 자연으로 돌아가기 마련이다. 그러기에 사람은 자연을 닮기 마련이고, 자연 속에서 많은 것을 배우고 깨치면서 살아간다.

인용시에서도 그렇지 않은가? 담쟁이넝쿨을 보면서 식물의 끈질긴 생명력을 배우고 "보이지 않는 힘/ 무너진 벽돌과 벽돌 사이 하늘을/ 푸른 함성으로 진군하는/ 저 청춘의 군단/ 우람찬 스크럼을 보아라"와 같이 스스로 생명의지를 점화하고 있는 것이다. 흔히 사람은 사람에게서도 배우지만 자연에게서 더 큰 우주원리와 생명법칙을 깨치고 배운다고 하지 않던가.

김 시인의 시편들에서 "풀/풀꽃/자작나무/동백나무/오동나무/감나무/홍시/마타리꽃/고광나리/원추리/산초/안개꽃/시클라멘/들찔레/매화/접시꽃/서류/들국화/수신화/자목련/제비꽃"은 물론 "잎/새순/줄기/열매/꽃/나무/숲" 등 통칭으로 식물 이미저리군이 대거 등장하는 것도 바로 이러한 시인의 자연을 통한 생명감각과 생명사상의 한 모서리를 반영하는 것이 아니겠는가?

> 홍매화 살포시 벙글어
> 눈 촉촉이 젖었는데
> 꽃샘바람 나직이 스쳐 지나
> 꽃잎 폴폴 날리네
>
> 오랜 세월 가슴속

반딧불처럼 남아 맴돌던
언어 하나

사랑이 다가왔을 때 사랑하라고
망설이면 어느새 사랑은 떠나 버린다고
사랑도 때가 있다고
한평생 기회는 다시 오지 않는다고

—「홍매화 필 무렵」 전문

아마도 그럴 것이다. 많은 사람들이 그러하듯이 시인들도 자연, 특히 식물에 대한 관심과 탐구를 통해 자신의 삶을 들여다보고 인간의 삶에 대해 반성적 성찰과 사유를 전개해 나아갈 것이 분명하다. 특히 예민한 감수성과 섬세한 표현감각을 지닌 시인들이야 말해 무엇하랴?

인용시에서도 그렇지 않은가? 홍매화 피어나고 지는 모습을 보며 삶의 근원이고 자양분이자 에너지인 사랑에 관해 눈뜨고 체험하며 생을 살아 나아가기 마련인 것이다. "사랑이 다가왔을 때 사랑하라고/ 망설이면 어느새 사랑은 떠나 버린다고/ 사랑도 때가 있다고/ 한평생 기회는 다시 오지 않는다고"라는 결구에서 보듯이 자연은, 홍매화는 시인에게 깨침을 주는 소중한 한 스승의 모습으로 다가오는 것이다.

식물의 수정, 발아, 성장, 개화, 결실, 낙엽, 죽음에 이르는 과정은 그대로 인간의 성장과 생 · 노 · 병 · 사의 과정과 서로 상동관계를 지니기에 그러한 식물의 변화 과정 속에서 인간은 자신의 삶을 반성하고 더 높고 깊은, 의미 있고 보람 있는 삶을 향해 나아갈 수 있기 마련이다. "마침내 사람들 가슴에 떠오르는 별/ 아름드리 물푸레나무 언저리/ 늘 고요한 평화처럼 화안하다"(「물푸레나무를 노래함」)와 같이 식물들의 생명 과정 속에서 인간은 사랑과 평화, 자유와 평등, 상생, 존재와 허무 등 온갖 삶의 이치를 배우고 우주의 순환원리를 깨치게 되는 것이다.

이렇게 본다면 인간에게, 시인에게 있어 자연은 위대한 스승이자 벗이고, 영원한 연인이자 귀의처이자 신神으로서 의미를 지니게 될 것이 분명하다.

4. 시를 찾아서, '참 나'를 찾아서

이번 시집에서 또 한 가지 중요한 내용은 시편들이 끊임없는 자아성찰 또는 내면 성찰을 지속해 가고 있는 점이다. 그런 점에서 '시'란 시인에게 내면 성찰의 도구이자 자기 확립의 방법론이고, 동시에 존재의 목적으로서 의미와 가치를 지닌다.

詩가 좋아 詩 속에 들어가니
잊었던 나와 만나네
사랑이 좋아 사랑 안에 들어가니
詩와 만나네

詩는 나의

원초적 부르짖음인가
아니면
우주의 압축 파일인가

삼라만상森羅萬象을 담는 그릇
시들지 않는 詩의 꽃은
삶의 향기香氣려니
詩보다 아름다운 꽃 어디 있으랴

말도 다하고 마음도 사라진 자리
오묘한 그 한 자리
詩로도 쓸 수 없는
詩는 언제나 텅 빈 채움이려니

—「시詩를 위한 발라드」 전문

시란 무엇이던가? 한마디로 그것을 세계의 자아화, 자아의 내면화, 그리고 내면의 심화를 위한 모색과 탐구의 과정이라고 말해 볼 수 없을 것인가? 시란 바로 삶의 본질과 현상을 탐구하는 일이며, 가치 있는 삶을 실현하고 모색하기 위한 연마와 고행 과정 그 자체가 아닌가 말이다.

그러니 "詩가 좋아 詩 속에 들어가니/ 잊었던 나와 만나네/ 사랑이 좋아 사랑 안에 들어가니/ 詩와 만나네"와 같이 시는 바로 '나' 자신을 탐구하고 표현하는 일에 해당한다. 그러기에 그것은 "詩는 나의/ 원초적 부르짖음인가/ 아니면/ 우주의 압축 파일인가// 삼라만상을 담는 그릇"과 같이 시인에게는 세상의 탐구이며, 우주자연의 축약이며, 생명의 에센스일 수

밖에 없는 것이다. 아울러 시는 "시들지 않는 詩의 꽃은/ 생명의 향기이려니/ 詩보다 아름다운 꽃 어디 있으랴" 에서 보듯이 시는 시인 자신에게 존재 의미이자 보람이고 본질 가치에 해당한다. 아울러 그것은 "詩는 언제나 텅 빈 채움" 으로 존재하면서 삶을 의미화하고 가치화하는 근본 동력으로 존재하는 것으로 받아들여지는 것이다.

이렇게 본다면 이 시는 시인에게 시로 쓴 시론이며, 인생론이자 예술론으로서 자리하는 것이 분명하다고 하겠다.

그런데 여기에서 주목할 것은 "언제나 텅 빈 채움이려니" 라는 시구에서 보듯이 시가 모순으로서의 인생을 탐구하는 시적 통찰의 방법이면서 동시에 "삶의 향기" 그 자체이기에 "말도 다하고 마음도 사라진 자리" 에서 피어나는 '아름다운 삶의 향기' 로서 의미를 지니는 게 분명하다.

소리 없는 소리 들리네
회사후소繪事後素라던가
나 이제 나를 찾아 떠나리

불꽃의 삶 속에서
타 버린 내 젊은 나날들
비로소 비움의 여유를 찾을 수 있겠네

마지막 한 잎새
헐벗은 겨울나무로 서서
하늘을 향해

경건해지는 내 모습

베풀고 스스로 용서하면서
매듭 없는 자연의 소릿결 따라
세상의 굴레 벗고
길 없는 길 떠나리

—「나를 찾아서」 전문

이 점에서 시는 '회사후소', 즉 먼저 '인간이 되고 나서 예술을 하라' 라는 참된 인생을 찾고 연마해 가는 근본 방법론이자 그 자체가 하나의 세계관이 될 수 있다. 아울러 시를 쓴다는 것은 "나 이제 나를 찾아 떠나리" "베풀고 스스로 용서하면서/ 매듭 없는 자연의 소릿결 따라/ 세상의 굴레 벗고/ 길 없는 길 떠나리" 에서 보듯이 자아를 탐구하고 참된 나, 진정한 나를 발견하고 실현할 수 있는 바람직한 생의 길로서 다가오게 되는 것이다. 그러기에 이 지점에서 비로소 "소리 없는 소리 들리네" "비로소 비움의 여유를 찾을 수 있겠네" 의 경지에 들어서게 되고 "세상의 굴레 벗고" 해방된 자아, 자유의 길로 들어서게 될 것이 자명하다. 아울러 "헐벗은 겨울나무로 서서/ 하늘을 향해/ 경건해지는 내 모습"과 마주치게 될 수 있는 것이다.

그렇게 본다면 시를 쓴다는 것, 시를 읽고 공부한다는 것은 바로 인생을 탐구하는 일이며, 진정한 자아를 발견하고 실현해 나아가는 일이 아닐 수 없다. 그것이 비록 현실적인 대가나 물질적인 보상이 없는 것이라 할지라도 가장 죄 없는 인간의 영위이기에 인간이 하는 일 가운데 가장 순수하고 값진 것이 아닐 수 없다는 말이다.

이 점에서 시를 쓰는 행위 그것은 바로 삶이 무엇이고 '진정한 나'는 어떤 것인지를 묻는 일이며, 보람 있는 삶, 가치 있는 삶의 길이 과연 어떠해야 하는 것인지를 탐구하는 철학적 모색의 길임을 말해 주는 것이라 하겠다. 그렇기 때문에 "詩보다 아름다운 꽃 어디 있으랴"라고 시인은 스스로 자문하고 확신하게 되는 것이다.

5. 마음 내려놓기 또는 자유의 길

따라서 시인에게 시를 쓴다는 것은 바로 방하심放下心으로서 마음 내려놓기 또는 자유의 길로서 의미를 지니게 된다.

절정의 하늘 높이에서
눈이 내린다
눈은 이내 폭설 되어
자작나무 숲을 덮고
샤갈의 마을을 덮는다

사방의 길들이 무너져 내리고
도시의 온갖 소음과
불협화음을 덮는다
때 묻은 가난과 허기를 덮는다

삶은 갈수록 아득하고 막막하기만 한데

눈은 낮은 곳으로 더 낮은 곳으로
내려앉으며 지구의 중심을 가라앉히고
눈은 안다
낮은 곳의 밑바닥에 이르러서야
몸과 마음 다 내려놓는다는 것을

사람도 가장 낮은 자리에 이르러서야
비로소 사람의 그늘을 사랑할 줄 안다

—「사람의 그늘」 전문

눈이 표상하는 것은 무엇인가? 그것은 대체로 순결 지향성 또는 평등 지향성, 그리고 마음 내려놓기로서 가벼움 또는 자유의 길을 표상하는 것이 아닌가 한다. 눈은 그 흰색으로서 순수 · 순결한 것의 표상이고, 높낮이 없이 세상을 하나로 덮어 주고 하나의 색깔로 통일시켜 준다는 점에서는 평등의 상징이 된다. 나아가서 끊임없이 더 낮은 곳을 향해 내려앉고 미련 없이 사라져 간다는 점에서 가벼움의 길, 자유의 길로서 상징성을 지닌다. 눈은 "자작나무 숲을 덮고/ 샤갈의 마을을 덮는다" "도시의 온갖 소음과/ 불협화음을 덮는다/ 때 묻은 가난과 허기를 덮는다" "눈은 안다/ 낮은 곳의 밑바닥에 이르러서야/ 몸과 마음 다 내려놓는다는 것을" 이라는 구절들이 그러한 내용을 반영한다.

바로 여기에서 "사람도 가장 낮은 자리에 이르러서야/ 비로소 사람의 그늘을 사랑할 줄 안다"라는 결구에서처럼 시인이 강조하고자 하는 눈의 표상성이 다름 아닌 참 자유의 길을 통한 참 인간을 깨닫고 살아가는 길이라는 점을 확인하게 된다. 말하자면 끊임없이 자기를 낮추고 욕망과 성냄과 어리석음으로서 자신을 비움으로써 가벼운 정신의 길, 자유의 길로 나아가는 것 그것이 바로 인간의 길이고 시인의 바람직한 길이라는 점을 말해 준다 하겠다.

내 수의壽衣에는
두 주머니가 있으리니

자비의 주머니
지혜의 주머니

채운은
자비와 지혜의 채움
비움의 가득함이라네

마지막 탐욕도 성냄도
어리석음도 떨쳐 버리니
채움도 비움도 없어지네

—「비운다는 것」 전문

그렇다! 삶의 길은 채움으로서 욕망의 길과 육체의 길이 있는가 하면 비움으로서 해방의 길, 자유의 길 두 가지로 나누어 볼 수 있다. 따라서 시인의 길이란 바로 부질없는 욕망의 길, 육체의 길을 벗어나서 정신의 길, 자유의 길을 가고자 하는 것이 아니겠는가?

바로 여기에서 바람직한 삶이 길이란 베르그송H.Bergson의 말대로 육체의 온갖 구속과 무게를 벗어나서 가볍고 투명한 정신으로서 자유의 길을 지향하는 것을 이상으로 한다. 그 길은 바로 속죄와 용서의 길이고 은총과 자비, 지혜와 기도의 길이 아닐 수 없다.

오로지 "자비의 주머니/ 지혜의 주머니" "자비와 지혜의 채움"로서의 기도의 길을 가는 것이며, "마지막 탐욕도 성냄도/ 어리석음도 떨쳐 버리"는 그러한 해탈로서 자유의 길을 가는 것이다. 그럴 때 비로소 "채움도 비움도 다 없어지"는 그런 평정심, 진정심, 항상심으로서 올바른 깨침의 길, 자유의 길을 가게 됨은 물론이다.

따라서 바로 시를 쓰는 행위를 통해 그 극복과 초월의 길을 갈 수 있으며 구원과 은혜의 길을 갈 수 있을 것이 자명해진다. 시를 쓰고 읽고 사랑하는 길을 통해 인간은, 시인은 진정한 자아를 깨치고 확립하며 비로소 자아실현과 자기 구원의 길로 조금씩 나아갈 수 있을 것이라는 뜻이다.

6. 시심은 동심, 새 생명을 향하여

이렇게 보면 김효중의 시편들은 끊임없이 진부한 나, 낡아가는 나를 되돌아보고 반성하면서 좀 더 높고 깊은 정신을 향하여, 새로운 삶을 향하여 나아가고자 하는 자아성찰, 새 생명 지향성의 성격을 지닌다고 하겠다.

바로 여기에서 '아가' 로서 새로운 생명, 깨어 있는 미래지향의 정신에 대한 갈망과 동경이 제시된다.

아가의 볼웃음 피어나면
엄마 가슴에 초롱꽃 벙글고
아가의 눈망울 또록 구르면
그 눈웃음에 엄마 미소 꽃별로 뜨네

까르르 아가가 웃으면
엄마는 하늘이 열리네

아가는 진종일 옹알옹알
엄마는 아가의 속내를 보네
아가도 엄마 품에 포스근히 안겨
엄마 숨소리를 엿듣고 있네

오늘도 아가의 침상에
여릿여릿 이우는 해노을 아래
아가는 나비잠 자고 있네

—「꿈하늘」 전문

그렇다! 시인에게 '아가' 는 꿈이며 하늘의 표상이다. 그만큼 아가는 순결한 새 생명과 희망의 표상으로서 진 · 선 · 미의 상징성을 지닌다. 실상 이 시집에 맑고 고운 것, 착하고 아름다운 것으로서 꽃과 나무, 아가 등이 자주 등장하는 것도 사실은 시심이 바로 동심이며 진심의 표현이라는 점을 말해 주는 것이 아닐 수 없다. 시집의 도처에서 발견되는 아름다운 생명감각과 표현성의 섬세한 아름다움은 바로 시인의 이러한 새 생명에 대한 갈망과 그리움을 반영한 것이라 하겠다.

그래서 그런지 맑고 아름다운 그의 시 한편이 고요하게 머릿속을 씻어 주며 스쳐 간다.

물빗자루 쓸고 간 숲속 오솔길
점점이 아롱지는 빗방울 무늬들
발바닥 밑에서 나직나직
시간의 초침 부서지는 소리

빗물을 한껏 받아 마신 나무들은
가지 사이에서 은종 소리 찰랑이고
어느새 비 뚜욱 그쳐
풀벌레 소리 와지락하네

잎사귀들 푸르디푸르른데
물먹은 새의 진주 울음소리
여름 해어름에
숲속 긴 침묵의 운판을 깨고 있네

—「숲속 고요」 전문

부디 시인이 '시인'이라는 명분에 매달리지 말고, '진짜 시' '좋은 시'를 쓰는 시인으로 더욱 깊어져 가길 희망하며,

시인의 각고정진과 그를 통한 나날의 삶이 더욱 건강하고 깊어지고 행복해지기를 기원한다.

시인 김효중 金涍中

충남 부여 출생
서울대학교 문리과대학 국어국문학과 졸업
영남대학교 대학원에서 문학박사 학위 취득
2009년 『시와시학』으로 시인 등단
대구가톨릭대학교 국어국문학과 교수 정년퇴임
현재 대구가톨릭대학교 명예교수
저서로 『박용철의 하이네 시 번역과 수용에 관한 연구』(문광부 우수도서), 『한국비교문학의 현장』, 『한국현대시연구』, 『번역학』(대우학술총서), 『한국 현대시의 비교문학적 연구』, 『현대시의 이론과 비평』, 『새로운 번역을 위한 패러다임』(학술원 우수도서), 『글로벌 시대의 한국문학』, 『한국문학의 세계화 전략』 등이 있음

E-mail : glarakim70@hanmail.net

詩보다 아름다운 꽃 어디 있으랴

지은이 | 김효중
펴낸이 | 설보혜
펴낸곳 | Poetics 시학
1판1쇄 | 2010년 5월 30일
출판등록 | 2003년 4월 3일
주소 | 서울 종로구 명륜동1가 42
전화 | 744-0110
FAX | 3672-2674

값 8,000원

ISBN 978-89-91914-94-0 03810